Learn Russian For Beginners Easily & In Your Car!

Vocabulary Edition!

By Immersion Languages

Numbers/ Числа	4
Times / Время	8
Colors / Цвета	10
Months/ Месяца	11
Seasons/ Сезоны	12
Days of the Week/ Дни Недели	13
Food / Еда	14
Animals/ Животные	20
Jobs/ Работа	22
Clothes / Одежда	27
Family Relationships / Отношения в Семье	31
Household Items / Бытовые Предметы	33
At the restaurant/ В ресторане	38
The Human Body / Человеческое Тело	40
Weather/ Погода	43
School / Education Школа / Образование	45
Travel / Путешествие	50
Stores/ Магазины	52

The Beach / Пляж	54
Feelings / Чувства	55
Shapes / Формы	57
Transportation / Транспорт	58
Sports / Спорт	60
Weights / Measures Веса / Измерение	62
Countries / Страны	63
Tools / Инструменты	68
The Car / Автомобиль	69
In The City / В Городе	71
Business / Бизнес	74
Geography and Landscapes / География и Ландшафты	77
Describing People / Описание Людей	79
Religion / Религия	82
Outdoors / На улице	87
Adverbs / Наречия	88
Adjectives / Прилагательные	91
Accessories / Аксессуары	95
Geography / География	96
Verbs / Глаголы	97

Basic Phrases / Основные Фразы 102

Directions and Comparisons / Направления и Сравнения 109

Entertainment / Развлечения 111

Holidays and Celebrations / Выходные и Праздники 114

Internet / Интернет 116

Medical Terms / Медицинские Термины 119

US Cities / Города США 120

European Cities / Европейские Города 121

Nationalities / Национальности 122

Parts of the world / Части света 123

Numbers/ Числа

One------Один
One------Один
Two------Два
Two------Два
Three----Три
Three----Три

Four------Четыре
Four------Четыре
Five-------Пять
Five-------Пять
Six---------Шесть
Six---------Шесть
Seven-----Семь
Seven-----Семь
Eight-------Восемь
Eight-------Восемь
Nine--------Девять
Nine--------Девять
Ten---------Десять
Ten---------Десять
Eleven-----Одиннадцать
Eleven-----Одиннадцать
Twelve-----Двенадцать
Twelve-----Двенадцать
Thirteen----Тринадцать
Thirteen----Тринадцать
Fourteen---Четырнадцать
Fourteen---Четырнадцать
Fifteen------Пятнадцать
Fifteen------Пятнадцать
Sixteen-----Шестнадцать
Sixteen-----Шестнадцать
Seventeen-Семнадцать
Seventeen-Семнадцать
Eighteen----Восемнадцать

Eighteen----Восемнадцать
Nineteen----Девятнадцать
Nineteen----Девятнадцать
Twenty-------Двадцать
Twenty-------Двадцать
Thirty- Тридцать
Thirty- Тридцать
Forty- Сорок
Forty- Сорок
Fifty-Пятьдесят
Fifty-Пятьдесят
Sixty- шестьдесят
Sixty- шестьдесят
Seventy- семьдесят
Seventy- семьдесят
Eighty-восемьдесят
Eighty-восемьдесят
Ninety-девяносто
Ninety-девяносто
One Hundred- сто
One Hundred- сто
Two Hundred - двести
Two Hundred - двести
Three Hundred - триста
Three Hundred - триста
Four Hundred - четыреста
Four Hundred - четыреста
Five Hundred - пятьсот
Five Hundred - пятьсот

Six Hundred - шестьсот
Six Hundred - шестьсот
Seven Hundred - семьсот
Seven Hundred - семьсот
Eight Hundred - восемьсот
Eight Hundred - восемьсот
Nine Hundred - девятьсот
Nine Hundred - девятьсот
One Thousand - тысяча
One Thousand - тысяча
Hundred thousand – сто тысяч
Hundred thousand – сто тысяч
One Million - миллион
One Million - миллион
First – Первый/ая
First – Первый/ая
Second- второй/ая
Second- второй/ая
Third- третий/ья
Third- третий/ья
Fourth- четвертый/ая
Fourth- четвертый/ая
Fifth- пятый/ая
Fifth- пятый/ая
Sixth-шестой/ая
Sixth-шестой/ая
Seventh- седьмой/ая
Seventh- седьмой/ая
Eighth- восьмой/ая

Eighth- восьмой/ая
Nineth-девятый/ая
Ninth-девятый/ая
Tenth-десятый/я/ая
Tenth-десятый
Twentieth - двенадцатый
Twentieth - двенадцатый
Thirtieth - тринадцатый
Thirtieth - тринадцатый
Fortieth - четырнадцатый
Fortieth - четырнадцатый
Fiftieth - пятнадцатый
Fiftieth - пятнадцатый
Sixtieth - шестнадцатый
Sixtieth - шестнадцатый
Seventieth - семнадцатый
Seventieth - семнадцатый
Eightieth - восемнадцатый
Eightieth - восемнадцатый
Ninetieth - девятнадцатый
Ninetieth - девятнадцатый

Times / Время

Morning- утро
Morning- утро
Afternoon- обед
Afternoon- обед

Evening- вечер
Evening- вечер
Calendar-календарь
Calendar-календарь
Date- Дата
Date- Дата
Yesterday- вчера
Yesterday- вчера
Today- сегодня
Today- сегодня
Tomorrow- завтра
Tomorrow- завтра
Second- второй
Second- второй
Minute- минута
Minute- минута
Hour- час
Hour- час
Day- день
Day- день
Week- неделя
Week- неделя
Month- месяц
Month- месяц
Year-год
Year-год
Decade- декада
Decade- декада
Century- век

Century- век
Past- Прошлое/ая
Past- Прошлое/ая
Next- следующий/ая
Next- следующий/ая
Last- последний/яя
Last- последний/яя

Colors / Цвета

Yellow---------желтый
Yellow---------желтый
Orange--------оранжевый
Orange--------оранжевый
Blue------------синий
Blue------------синий
White----------белый
White----------белый
Gray------------серый
Gray------------серый
Brown----------коричневый
Brown----------коричневый
Purple----------лиловый
Purple----------лиловый
Black-----------черный
Black-----------черный

Green----------зеленый
Green----------зеленый
Red-------------красный
Red-------------красный
Golden - золотой
Golden - золотой
Pink - розовый
Pink - розовый
Beige - бежевый
Beige - бежевый
Mauve - сиреневый
Mauve - сиреневый
Navy blue – Темно-синий
Navy blue – Темно-синий
Silver - Серебряный
Silver - Серебряный

Months/ Месяца

January-------январь
January-------январь
February-----февраль
February-----февраль
March---------март

March---------март
April-----------апрель
April-----------апрель
May-------май
May-------май
June------июнь
June------июнь
July-------июль
July-------июль
August---август
August---август
September-сентябрь
September-сентябрь
October-----октябрь
October-----октябрь
November--ноябрь
November--ноябрь
December--декабрь
December--декабрь

Seasons/ Сезоны

Winter-Зима
Winter-Зима

Spring- Весна

Spring- Весна

Summer- Лето

Summer- Лето

Fall- осень

Fall- осень

Days of the Week/ Дни Недели

Monday------Понедельник

Monday------Понедельник

Tuesday-----Вторник

Tuesday-----Вторник

Wednesday--Среда

Wednesday--Среда

Thursday------Четверг

Thursday------Четверг

Friday-----------Пятница

Friday-----------Пятница

Saturday-------Суббота

Saturday-------Суббота

Sunday------Воскресенье

Sunday------Воскресенье

Food / Еда

beef------говядина
beef------говядина
Breakfast----завтрак
Breakfast----завтрак
Cheese-------сыр
Cheese-------сыр
Chicken--------курица
Chicken--------курица
Dessert---------десерт
Dessert---------десерт
Dinner----------обед
Dinner----------обед
Egg--------------яйцо
egg--------------яйцо
Fish---------------рыба
Fish---------------рыба
Food---------------еда
Food---------------еда
french fries ------жареная картошка
french fries ------жареная картошка
Hamburger-------гамбургер
Hamburger-------гамбургер

Veal - Телятина

Veal - Телятина

Hotdog-------------хотдог

hotdog-------------хотдог

Lettuce-------------салат

lettuce-------------салат

Lunch---------------обед

Lunch---------------обед

Salmon - Лосось

Salmon - Лосось

Butter – Сливочное Масло

Butter – Сливочное Масло

Yogurt - Йогурт

Yogurt - Йогурт

Milk---------молоко

milk---------молоко

Pork--------свинина

Pork--------свинина

Potatoes---картошка

Potatoes---картошка

Salad--------салат

Salad--------салат

Soup--------суп

soup---------суп

Sugar--------сахар

Sugar--------сахар

Turkey--------индейка

Turkey--------индейка

Water----------вода

Water----------вода

Blueberry - Голубика

Blueberry - Голубика

Banana- Банан

Banana- Банан

Cherry- Вишня

Cherry- Вишня

Coconut- Кокос

Coconut- Кокос

Peach- Персик

Peach- Персик

Raspberry- Малина

Raspberry- Малина

Lime- Лайм

Lime- Лайм

Lemon- Лимон

Lemon- Лимон

Apple- Яблоко

Apple- Яблоко

Blackberry- Ежевика
Blackberry- Ежевика
Orange- Апельсин
Orange- Апельсин
Pear- Груша
Pear- Груша
Pineapple- Ананас
Pineapple- Ананас
Watermelon- Арбуз
Watermelon- Арбуз
Grape- Виноград
Grape- Виноград
Garlic- Чеснок
Garlic- Чеснок
Basil- Базилик
Basil- Базилик
Cinnamon- Корица
Cinnamon- Корица
Oregano - Орегано
Oregano - Орегано
Rosemary- Розмарин
Rosemary- Розмарин
Salt- Соль
Salt- Соль

Thyme- Тимьян

Thyme- Тимьян

Vanilla- Ваниль

Vanilla- Ваниль

Vinegar- Уксус

Vinegar- Уксус

Bacon- Бекон

Bacon- Бекон

Ham- Ветчина

Ham- Ветчина

Beans- Бобы

Beans- Бобы

Bread- Хлеб

Bread- Хлеб

Honey- Мёд

Honey- Мёд

Avocado- Авокадо

Avocado- Авокадо

Rice- Рис

Rice- Рис

Eggplant- Баклажан

Eggplant- Баклажан

Broccoli-Брокколи

Broccoli-Брокколи

Onion- Лук
Onion- Лук
Mushrooms- Грибы
Mushrooms- Грибы
Green beans- Фасоль
Green beans- Фасоль
Sweet Corn- Кукуруза
Sweet Corn- Кукуруза
Spinach- Шпинат
Spinach- Шпинат
Chickpeas- Нут
Chickpeas- Нут
Cucumber- Огурец
Cucumber- Огурец
Radish- Редис
Radish- Редис
Beet- Свекла
Beet- Свекла
Cabbage- Капуста
Cabbage- Капуста
Tomato- Помидор
Tomato- Помидор
Carrot- Морковь
Carrot- Морковь

Animals/ Животные

Bear------медведь
Bear------медведь
Bee-------Пчела
Bee-------Пчела
Cat--------кошка
Cat--------кошка
Deer-------олень
Deer-------олень
Dog--------собака
Dog--------собака
Elephant--Слон
Elephant--Слон
Fish--------Рыба
Fish--------Рыба
Fox------Лиса
Fox------Лиса
Goat-----Козел
Goat-----Козел
Gorilla---Горилла

Gorilla---Горилла
Horse----Лошадь
Horse----Лошадь
Monkey--Обезьяна
Monkey--Обезьяна
Pet--------Домашнее Животное
Pet--------Домашнее Животное
Rabbit----Кролик
Rabbit----Кролик
Sheep----Овца
Sheep----Овца
Squirrel---Белка
Squirrel---Белка
Tiger-------Тигр
Tiger-------Тигр
Whale------Кит
Whale------Кит
Wolf--------Волк
Wolf--------Волк
Zebra------Зебра
Zebra------Зебра
Moose-----Лось
Moose-----Лось
Spider----- паук

Spider----- паук
Owl----- филин
Owl----- филин
Donkey-Осел
Donkey-Осел
Ant-------Муравей
Ant-------Муравей
Cow------Корова
Cow------Корова
Turtle------Черепаха
Turtle------Черепаха
Shark------ акула
Shark------ акула
Frog---------Лягушка
Frog---------Лягушка
Butterfly----Бабочка
Butterfly----Бабочка

Jobs/ Работа

Actor — актер
Actor — актер
Administrator — администратор
Administrator — администратор

Artist — художник
Artist — художник
Athlete — спортсмен
Athlete — спортсмен
Attorney — адвокат
Attorney — адвокат
Baker — пекарь
Baker — пекарь
Barber — парикмахер
Barber — парикмахер
Bartender— бармен
Bartender— бармен
Beautician — косметолог
Beautician — косметолог
Biologist — биолог
Biologist — биолог
Butcher — мясник
Butcher — мясник
Captain — капитан
Captain — капитан
Carpenter — плотник
Carpenter — плотник
Coach — тренер
Coach — тренер

Computer programmer — программист
Computer programmer — программист
Cook — повар
Cook — повар
Dancer — танцор
Dancer — танцор
Dentist — стоматолог
Dentist — стоматолог
Doctor — врач
Doctor — врач
Driver — водитель
Driver — водитель
Editor — редактор
Editor — редактор
Electrician — электрик
Electrician — электрик
Engineer — инженер
Engineer — инженер
Farmer — фермер
Farmer — фермер
Firefighter — пожарник
Firefighter — пожарник
Florist — флорист
Florist — флорист

Guard — охранник
Guard — охранник
Hotelier — хозяин гостиницы
Hotelier — хозяин гостиницы
Jeweler — ювелир
Jeweler — ювелир
Journalist — журналист
Journalist — журналист
Landlord — домовладелец
Landlord — домовладелец
Lawyer — юрист
Lawyer — юрист
Librarian — библиотекарь
Librarian — библиотекарь
Mail carrier — почтальон
Mail carrier — почтальон
Mechanic — механик
Mechanic — механик
Midwife — акушерка
Midwife — акушерка
Musician — музыкант
Musician — музыкант
Nurse — медсестра
Nurse — медсестра

Optometrist — офтальмолог
Optometrist — офтальмолог
Pharmacist — фармацевт
Pharmacist — фармацевт
Poet — поэт
Poet — поэт
Psychologist — психолог
Psychologist — психолог
Sailor — моряк
Sailor — моряк
Salesman— продавец
Salesman— продавец
Scientist — ученый
Scientist — ученый
Secretary — секретарь
Secretary — секретарь
Servant — прислуга
Servant — прислуга
Social worker — социальный работник
Social worker — социальный работник
Soldier — солдат
Soldier — солдат
Student — студент
Student — студент

Surgeon — хирург
Surgeon — хирург
Teacher — учитель
Teacher — учитель
Therapist — терапевт
Therapist — терапевт
Veterinarian — ветеринар
Veterinarian — ветеринар
Waiter — официант
Waiter — официант
Welder — сварщик
Welder — сварщик
Writer — писатель
Writer — писатель

Clothes / Одежда

bathrobe — банный халат
bathrobe — банный халат
belt — ремень
belt — ремень
blouse — блузка
blouse — блузка
boots — ботинки

boots — ботинки
boxers — боксеры
boxers — боксеры
bra — бра
bra — бра
cap — кепка
cap — кепка
coat — пальто
coat — пальто
dress — платье
dress — платье
gloves — перчатки
gloves — перчатки
hat — шляпа
hat — шляпа
jacket — жакет
jacket — жакет
jeans — джинсы
jeans — джинсы
leggings — легинсы
leggings — легинсы
miniskirt — миниюбка
miniskirt — миниюбка
pajamas — пижама

pajamas — пижама
pants — трусы
pants — трусы
pocket — карман
pocket — карман
purse — кошелек
purse — кошелек
raincoat — плащ
raincoat — плащ
sandal — сандалии
sandal — сандалии
shirt — рубашка
shirt — рубашка
shoe — ботинок
shoe — ботинок
shoelaces — шнурки
shoelaces — шнурки
shorts —шорты
shorts —шорты
skirt — юбка
skirt — юбка
slipper — тапочки
slipper — тапочки
sock — носок

sock — носок
stocking — колготки
stocking — колготки
suit — костюм
suit — костюм
sweater — свитер
sweater — свитер
sweatshirt — трикотажная рубашка
sweatshirt — трикотажная рубашка
swimsuit — купальный костюм
swimsuit — купальный костюм
tennis shoe — теннисные туфли
tennis shoe — теннисные туфли
tie — галстук
tie — галстук
T-shirt — футболка
T-shirt — футболка
watch— часы
watch— часы
Tie- Галстук
Tie- Галстук
Cotton- хлопок
Cotton- хлопок

Family Relationships / Отношения в Семье

Family - Семья
Family - Семья
Father - Отец
Father - Отец
Mother - Мать
Mother - Мать
Son - Сын
Son - Сын
Daughter - Дочь
Daughter - Дочь
Grandfather - Дедушка
Grandfather - Дедушка
Grandmother - Бабушка
Grandmother - Бабушка
Grandson - Внук
Grandson - Внук
Granddaughter - Внучка
Granddaughter - Внучка
Uncle - Дядя
Uncle - Дядя
Aunt - Тетя

Aunt- Тетя
Nephew- Племянник
Nephew- Племянник
Niece - Племянница
Niece - Племянница
Cousin (Male) – Двоюродный брат
Cousin (Male) – Двоюродный брат
Cousin (Female) – Двоюродная сестра
Cousin (Female) – Двоюродная сестра
Fiance- Жених
Fiance- Жених
Friend- Друг
Friend- Друг
Husband- Муж
Husband- Муж
Wife- Жена
Wife- Жена
Boy- мальчик
Boy- мальчик
Brother- брат
Brother- брат
Infant- ребенок

Infant- ребенок
Relative- родственник
Relative- родственник
Man- мужчина
Man- мужчина
Sister- сестра
Sister- сестра
Twin- Близнецы/яшки
Twin- Близнецы/яшки

Household Items / Бытовые Предметы

Bed - Кровать
    Bed - Кровать
    Blanket - Покрывало
    Blanket - Покрывало
    Closet - Шкаф
    Closet - Шкаф
    Dresser- Шкаф для Одежды
    Dresser- Шкаф для Одежды
    Fan - Веер
    Fan - Веер

Lamp-лампа
Lamp-лампа
Mattress- матрац
Mattress- матрац
Mirror- Зеркало
Mirror- Зеркало
Outlet- Розетка
Outlet- Розетка
Pillow- Подушка
Pillow- Подушка
Poster- постер
Poster- постер
Quilt- Одеяло
Quilt- Одеяло
Sheet- простыня
Sheet- простыня
Bathtub- ванна
Bathtub- ванна
Brush- Щетка
Brush- щетка
Comb- Расческа
Comb- Расческа
Drain- водоотвод
Drain- водоотвод

Dryer- Фен
Dryer- Фен
Scale- Весы
Scale- Весы
Shampoo- Шампунь
Shampoo- Шампунь
Shower- Душ
Shower- Душ
Sink- Раковина
Sink- Раковина
Soap- Мыло
Soap- Мыло
Toilet- Туалет
Toilet- Туалет
Towel- Полотенце
Towel- Полотенце
Bowl- Таз
Bowl- Таз
Broom- Метла
Broom- Метла
Fork- Вилка
Fork- Вилка
Knife- Нож
Knife- Нож

Spoon- Ложка
Spoon- Ложка
Oven- Плита
Oven- Плита
Plate- Тарелка
Plate- Тарелка
Pot- Чайник
Pot- Чайник
Candle- Свеча
Candle- Свеча
Couch- Диван
Couch- Диван
Curtain- Шторы
Curtain- Шторы
Fireplace- Камин
Fireplace- Камин
Rug- Ковер
Rug- Ковер
Window- Окно
Window- Окно
Box- Коробка
Box- Коробка
Chandelier- люстра
Chandelier- люстра

Colander- дуршлаг

Colander- дуршлаг

Freezer- холодильник

Freezer- холодильник

Cabinet- кабинет

Cabinet- кабинет

Blender- блендер

Blender- блендер

Toaster- тостер

Toaster- тостер

Steamer- пароварка

Steamer- пароварка

Cotton Swabs – ватные палочки

Cotton Swabs – ватные палочки

Dental Floss – зубная нить

Dental Floss – зубная нить

Deodorant - дезодорант

Deodorant - дезодорант

Faucct - Кран

Faucet - Кран

Q- tips – ватная палочка

Q- tips – ватная палочка

Shower cap – шапочка для душа

Shower cap – шапочка для душа

Toilet paper – туалетная бумага

Toilet paper – туалетная бумага

Toothpaste – зубная паста

Toothpaste – зубная паста

At the restaurant/ В ресторане

Check- Чек
Check- Чек
Menu- Меню
Menu- Меню
Napkin - Салфетка
Napkin - Салфетка
Table - Стол
Table - Стол
Tip- Чаевые
Tip- Чаевые

White wine – белое вино
White wine – белое вино
Red Wine – красное вино
Red Wine – красное вино
Iced tea – холодный чай
Iced tea – холодный чай
Soda - Кола
Soda - Кола
Breakfast - Завтрак
Breakfast - Завтрак
Lunch - Обед
Lunch - Обед
Dinner - Ужин
Dinner - Ужин
Seafood - Морепродукты
Seafood - Морепродукты
Grilled - на гриле
Grilled - на гриле
Roasted - жареный
Roasted - жареный
Breaded – в панировке
Breaded – в панировке
Barbecued - барбекю
Barbecued - барбекю

Courses - блюда
Courses - блюда
First course - Первое
First course - Первое
Main Course – второе
Main Course - второе
Well done – Хорошо прожаренный
Well done – Хорошо прожаренный
Medium – Средней прожарки
Medium – Средний прожарки
Rare – с кровью
Rare – с кровью

The Human Body / Человеческое Тело

Head- Голова
Head- Голова
Face- Лицо
Face- Лицо
Eyes- Глаза
Eyes- Глаза
Eyebrows- Брови

Eyebrows- Брови

Ears- Уши

Ears- Уши

Nose- Нос

Nose- Нос

Mouth- Рот

Mouth- Рот

Lips- Губы

Lips- Губы

Teeth- Зубы

Teeth- Зубы

Tongue- Язык

Tongue- Язык

Neck- Шея

Neck- Шея

Shoulder- Плечо

Shoulder- Плечо

Back- Спина

Back- Спина

Chest- Грудь

Chest- Грудь

Arm- Рука

Arm- Рука

Elbow- Локоть

Elbow- Локоть
Hand- Кисть
Hand- Кисть
Finger- Палец
Finger- Палец
Leg- Нога
Leg- Нога
Knee- Колено
Knee- Колено
Foot- Ступня
Foot- Ступня
Heart- Сердце
Heart- Сердце
Skin- Кожа
Skin- Кожа
Stomach-живот
Stomach-живот
toe-палец ноги
toe-палец ноги
wrist-запястье
wrist-запястье
armpit-подмышка
armpit-подмышка
hip-бедро

hip-бедро
thigh-бок
thigh-бок
fingernail-ноготь
fingernail-ноготь
shoulder-плечо
shoulder-плечо

Weather/ Погода

Rainy- Дождь
Rainy- Дождь
Cloudy- Пасмурно
Cloudy- Пасмурно
Snowy- Снег
Snowy- Снег
Sunny- Солнце
Sunny- Солнце
Thermometer- градусник
Thermometer- градусник
Forecast- прогноз
Forecast- прогноз
Temperature- Температура
Temperature- Температура

Warm- Тепло
Warm- Тепло
Cool- Холодно
Cool- Холодно
Freezing- Морозно
Freezing- Морозно
Rain - Дождь
Rain - Дождь
Sun- Солнце
Sun- Солнце
It is hot - Жарко
It is hot - Жарко
It is cold - Холодно
It is cold - Холодно
It is cool - Прохладно
It is cool - Прохладно
Stormy - буря
Stormy - буря
Hail - град
Hail - град
Humidity - влажность
Humidity - влажность
Hurricane - ураган
Hurricane - ураган

School / Education   Школа / Образование

Backpack- Рюкзак
Backpack- Рюкзак
Calculator- калькулятор
Calculator- калькулятор
Chair- Стул
Chair- Стул
Computer- компьютер
Computer- компьютер
Crayons- цветные карандаши
Crayons- цветные карандаши
Desk- парта
Desk- парта
Folder- папка
Folder- папка
Glue- клей
Glue- клей
Markers- маркеры
Markers- маркеры
Notebook- блокнот
Notebook- блокнот
Paper- бумага

Paper- бумага

Pen-ручка

Pen-ручка

Pencil- карандаш

Pencil- карандаш

Staple- скобка

Staple- скобка

Stapler- степлер

Keyboard-Клавиатура

Keyboard-Клавиатура

Filing Cabinet-Шкаф для документов

Filing Cabinet-Шкаф для документов

Bookshelf-Книжная полка

Bookshelf-Книжная полка

Battery-Батарейка

Battery-Батарейка

Paperclip-Скрепка

Paperclip-Скрепка

Letter-Письмо

Letter-Письмо

Tape- Скотч

Tape- Скотч

Highlighter-Текстовыделитель

Highlighter-Текстовыделитель

Academic - академический

 Academic - академический

Extracurricular activities – внеучебная деятельность

Extracurricular activities – внеучебная деятельность

Alphabet - алфавит

Alphabet - алфавит

Yearbook - ежегодный альбом выпускников

Yearbook - ежегодный альбом выпускников

Seat - место

Seat - место

Auditorium - аудитория

Auditorium - аудитория

Band - музыкальная группа

Band - музыкальная группа

Biology - биология

Biology - биология

Eraser - ластик

Eraser - ластик

Science - наука
Science - наука
Social Studies – общественные науки
Social Studies – общественные науки
Counselor - консультант
Counselor - консультант
Dictionary - словарь
Dictionary - словарь
Physical Education - Физкультура
Physical Education - Физкультура
Elementary school – Начальная школа
Elementary school – Начальная школа
Geometry - геометрия
Geometry - геометрия
History - история
History - история
Schedule - расписание
Schedule - расписание
Language - язык
Language - язык

Math - математика
Math - математика
Question - вопрос
Question - вопрос
Psychology - психология
Psychology - психология
Chemistry - химия
Chemistry - химия
Clock - часы
Clock - часы
Answer - ответ
Answer - ответ
Pencil Sharpener - точилка
Pencil Sharpener - точилка
Classroom - класс
Classroom - класс
Semester - семестр
Semester - семестр
Homework – домашняя работа
Homework – домашняя работа
Scissors - ножницы
Scissors - ножницы

Travel / Путешествие

Airport- Аэропорт
Airport- Аэропорт
Baggage-багаж
Baggage-багаж
Boat-судно
Boat-судно
Check-in- регистрация
Check-in- регистрация
Departure-отправление
Departure-отправление
Flight-рейс
Flight-рейс
Gate-выход
Gate-выход
Hotel- Гостиница
Hotel- Гостиница
Kiosk-киоск
Kiosk-киоск
Landing-приземление
Landing-приземление
Room-комната
Room-комната

Ship- Корабль
Ship- Корабль
Suitcase- Чемодан
Suitcase- Чемодан
Takeoff- взлет
Takeoff- взлет
Terminal- Терминал
Terminal- Терминал
Ticket- Билет
Ticket- Билет
Customs - Таможня
Customs - Таможня
Flight Attendant - Бортпроводник
Flight Attendant - Бортпроводник
Currency Exchange – обмен валют
Currency Exchange – обмен валют
Guide - гид
Guide - гид
Passport - паспорт
Passport - паспорт
Aisle - проход
Aisle - проход
Souvenir - сувенир
Souvenir - сувенир

Delay - задержка

Delay - задержка

Baggage Claim — выдача багажа

Baggage Claim — выдача багажа

Ferry - паром

Ferry - паром

Stores/ Магазины

Butcher- Мясная лавка

Butcher- Мясная лавка

Sweet Shop- кондитерская

Sweet Shop- кондитерская

Gas Station- Заправочная Станция

Gas Station- Заправочная Станция

Flower Shop-Цветочный магазин

Flower Shop-Цветочный магазин

Bakery- булочная

Bakery- булочная

Cake Shop- кондитерский магазин

Cake Shop- кондитерский магазин

Hairdressers- парикмахерская

Hairdressers- парикмахерская

Fish Shop- рыбный магазин

Fish Shop- рыбный магазин
Bank- Банк
Bank- Банк
Pharmacy- аптека
Pharmacy- аптека
Dairy- Молочный магазин
Dairy- Молочный магазин
Dentist- стоматология
Dentist- стоматология
Department Store- Универсальный Магазин
Department Store- Универсальный Магазин
Dry Cleaner- прачечная
Dry Cleaner- прачечная
Hardware Store- хозтовары
Hardware Store- хозтовары
Hospital- госпиталь
Hospital- госпиталь
Jewelry Store- ювелирный
Jewelry Store- ювелирный
Laundry Mat – Автоматическая Прачечная
Laundry Mat – Автоматическая

Прачечная
Library- библиотека
Library- библиотека
Market- рынок
Market- рынок
Optician- оптика
Optician- оптика
Police Station- Полицейский Участок
Police Station- Полицейский Участок
Supermarket- супермаркет
Supermarket- супермаркет
Toy Store- магазин игрушек
Toy Store- магазин игрушек
Bag- Сумка
Bag- Сумка
Sale- Распродажа
Sale- Распродажа

The Beach/ Пляж

Flippers- Сланцы
Flippers- Сланцы

Sand-Песок

Sand-Песок

Seaweed – Водоросль

Seaweed - Водоросль

Dune- Дюна

Dune- Дюна

Sea- Море

Sea- Море

Tide- Прилив

Tide- Прилив

Wave- Волна

Wave- Волна

Shore- Берег

Shore- Берег

Parasol- Зонтик

Parasol- Зонтик

Feelings / Чувства

Bored- Скучный/ая

Bored- Скучный/ая

Thankful- Благодарный/ая

Thankful- Благодарный/ая

Happy- Счастливый

Happy- Счастливый
Scared- Испуганный/ая
Scared- Испуганный/ая
Ashamed- Пристыженный/ая
Ashamed- Пристыженный/ая
Confident- Уверенный/ая
Confident- Уверенный/ая
Confused-смущенный/ая
Confused-смущенный/ая
Content- Удовлетворенный/ая
Content- Удовлетворенный/ая
Curious- Любопытный/ая
Curious- Любопытный/ая
Disappointed- разочарованный/ая
Disappointed- разочарованный/ая
Depressed- подавленный/ая
Depressed- подавленный/ая
Excited-возбужденный/ая
Excited-возбужденный/ая
Angry-злой/ая
Angry-злой/ая
Enthusiastic- увлеченный/ая
Enthusiastic- увлеченный/ая
Annoyed- раздраженный/ая

Annoyed- раздраженный/ая
Nervous-нервозный/ая
Nervous-нервозный/ая
Proud-гордый/ая
Proud-гордый/ая
Satisfied- довольный/ая
Satisfied- довольный/ая
Calm- спокойный/ая
Calm- спокойный/ая
Sad- Печальный
Sad- Печальный

Shapes / Формы

Circle- круг
Circle- круг
Square-квадрат
Square-квадрат
Shape- форма
Shape- форма
Hexagon-шестиугольник
Hexagon-шестиугольник
Octagon- восьмиугольник
Octagon- восьмиугольник

Oval-овал
Oval-овал
Pentagon- пятиугольник
Pentagon- пятиугольник
Polygon- многоугольник
Polygon- многоугольник
Rectangle- прямоугольник
Rectangle- прямоугольник
Trapezoid- трапеция
Trapezoid- трапеция
Triangle- треугольник
Triangle- треугольник
Star - Звезда
Star - Звезда
Crescent - Полумесяц
Crescent - Полумесяц
Diamond - Ромб
Diamond - Ромб

Transportation / Транспорт

Airplane- Самолет
Airplane- Самолет
Train- Поезд

Train- Поезд
Car- автомобиль
Car- автомобиль
Bus- Автобус
Bus- Автобус
Taxi- Такси
Taxi- Такси
Truck-Грузовик
Truck-Грузовик
Motorcycle- Мотоцикл
Motorcycle- Мотоцикл
Bicycle- Велосипед
Bicycle- Велосипед
Boat- Лодка
Boat- Лодка
Helicopter- Вертолет
Helicopter- Вертолет
Ambulance- Скорая помощь
Ambulance- Скорая помощь
Ship- Корабль
Ship- Корабль
Sailboat- Парусное Судно
Sailboat- Парусное Судно
School Bus- Школьный автобус

School Bus- Школьный автобус
Rocket- Ракета
Rocket- Ракета

Sports / Спорт

Baseball- бейсбол
Baseball- бейсбол
Basketball- баскетбол
Basketball- баскетбол
Biking- велоспорт
Biking- велоспорт
Billiards- бильярд
Billiards- бильярд
Boxing-бокс
Boxing-бокс
Camping- кемпинг
Camping- кемпинг
Canoeing- каноэ
Canoeing- каноэ
Fencing- фехтование
Fencing- фехтование
Fishing- рыбалка
Fishing- рыбалка

Football- американский футбол
Football- американский футбол
Golf- гольф
Golf- гольф
Hiking-пеший туризм
Hiking-пеший туризм
Hunting- охота
Hunting- охота
Football- футбол
Football- футбол
Tennis- теннис
Tennis- теннис
Volleyball- волейбол
Volleyball- voleibol
Cheerleading - чирлидинг
Cheerleading - чирлидинг
Cheerleader - чирлидер
Cheerleader - чирлидер
Martial Arts – боевые искусства
Martial Arts – боевые искусства
Ball - мяч
Ball - мяч
Championship - чемпионат
Championship - чемпионат

Coach - тренер
Coach - тренер
Ski - лыжи
Ski - лыжи
Gymnastics - гимнастика
Gymnastics - гимнастика
Player - игрок
Player - игрок
Pitcher - питчер
Pitcher - питчер
Skate - коньки
Skate - коньки
Weights - гантели
Weights - гантели
Catcher - принимающий
Catcher - принимающий
Tournament - турнир
Tournament - турнир

Weights / Measures   Веса/ Измерение

Gram- Грамм

Gram- Грамм
Kilogram- Килограмм
Kilogram- Килограмм
Quart- Кварта
Quart- Кварта
Liter- Литр
Liter- Литр
Measures- Измерение
Measures- Измерение
Centimeter- сантиметр
Centimeter- сантиметр
Meter- Метр
Meter- Метр

Countries / Страны

Albania - Албания
Albania - Албания
Germany- Германия
Germany- Германия
Belgium- Бельгия
Belgium- Бельгия
Belarus- Белоруссия
Belarus- Белоруссия

Bulgaria- Болгария
Czech Republic- Чешская Республика
Czech Republic- Чешская Республика
Croatia- Хорватия
Croatia- Хорватия
Denmark- Дания
Denmark- Дания
Slovakia-Словакия
Slovakia-Словакия
Slovenia - Словения
Slovenia - Словения
Spain- Испания
Spain- Испания
Finland- Финляндия
Finland- Финляндия
France- Франция
France- Франция
Greece- Греция
Greece- Греция
Netherlands- Голландия
Netherlands- Голландия
Hungary-Венгрия

Hungary-Венгрия
Great Britain- Великобритания
Great Britain- Великобритания
Ireland- Ирландия
Ireland- Ирландия
Iceland- Исландия
Iceland- Исландия
Italy- Италия
Italy- Италия
Latvia- Латвия
Latvia- Латвия
Lithuania- Литва
Lithuania- Литва
Luxembourg- Люксембург
Luxembourg- Люксембург
Macedonia- Македония
Macedonia- Македония
Norway-Норвегия
Norway-Норвегия
Poland-Польша
Poland-Польша
Romania- Румыния
Romania- Румыния
Russia-Россия

Russia-Россия

Serbia-Сербия

Serbia-Сербия

Sweden-Швеция

Sweden-Швеция

Switzerland-Швейцария

Switzerland-Швейцария

Ukraine-Украина

Ukraine-Украина

Argentina- Аргентина

Argentina- Аргентина

Brazil-Бразилия

Brazil-Бразилия

Canada- Канада

Canada- Канада

China- Китай

China- Китай

Costa Rica- Коста Рика

Costa Rica- Коста Рика

Cuba- Куба

Cuba- Куба

The Dominican Republic- Доминиканская Республика

The Dominican Republic-

Доминиканская Республика
El Salvador-Сальвадор
El Salvador-Сальвадор
England- Англия
England- Англия
Honduras-Гондурас
Honduras-Гондурас
Japan-Япония
Japan-Япония
Mexico-Мексика
Mexico-Мексика
Nicaragua-Никарагуа
Nicaragua-Никарагуа
Panama-Панама
Panama-Панама
Paraguay-Парагвай
Paraguay-Парагвай
The Philippines-Филиппины
The Philippines-Филиппины
Portugal-Португалия
Portugal-Португалия
The United States- Соединенные Штаты
The United States- Соединенные

Штаты
Uruguay-Уругвай
Uruguay-Уругвай

Tools / Инструменты

Axe- Топор
Axe- Топор
Axle-ось
Axle-ось
Bar- Брусок
Bar- Брусок
Blade-лезвие
Blade-лезвие
Cord-провод
Cord-провод
Drill-дрель
Drill-дрель
Drill Bit- сверло
Drill Bit- сверло
Flashlight-фонарик
Flashlight-фонарик
Hammer-молоток
Hammer-молоток

Handle-ручка
Handle-ручка
Pliers- пассатижи
Pliers- пассатижи
Pulley- блок
Pulley- блок
Ramp-рампа
Ramp-рампа
Rope-веревка
Rope-веревка
Ruler- рулетка
Ruler- рулетка
Saw- пила
Saw- пила
Screwdriver- отвертка
Screwdriver- отвертка
Tool- инструмент
Tool- инструмент
Wheel-колеса
Wheel-колеса

The Car / Автомобиль

Hood- Капот

Hood- Капот

Gaspedal-педаль газа

Gaspedal-педаль газа

Brakes- тормоза

Brakes- тормоза

Trunk-багажник

Trunk-багажник

Engine- двигатель

Engine- двигатель

Windshield- лобовое стекло

Windshield- лобовое стекло

Window-окно

Window-окно

Tire- Шина

Tire- Шина

Horn-гудок

Horn-гудок

Steering wheel-руль

Steering wheel-руль

Driver- водитель

Driver- водитель

Gas- бензин

Gas- бензин

Gas Tank-бензобак

Gas Tank-бензобак
Wipers- дворники
Wipers- дворники
Automatic Transmission-автоматическая трансмиссия
Automatic Transmission-автоматическая трансмиссия
Manual Transmission-механическая трансмиссия
Manual Transmission-механическая трансмиссия
Bumper-бампер
Bumper-бампер
Visor-козырек
Visor-козырек
Sunroof-люк в крыше
Sunroof-люк в крыше
seatbelt-ремни безопасности
Seatbelt-ремни безопасности

In The City / В Городе

City- Город
City- Город

Street- Улица
Street- Улица
Avenue- Проспект
Avenue- Проспект
Square- Площадь
Square- Площадь
Corner- Угол
Corner- Угол
Outskirts- Пригород
Outskirts- Пригород
Crossroads- Перекрестки
Crossroads- Перекрестки
Park-Парк
Park-Парк
Bridge- Мост
Bridge- Мост
Traffic lights- светофор
Traffic lights- светофор
Subway- Метро
Subway- Метро
Pedestrian- Пешеход
Pedestrian- Пешеход
Pavement- Тротуар
Pavement- Тротуар

Castle- замок
Castle- замок
Palace- дворец
Palace- дворец
Museum- музей
Museum- музей
Auditorium- Аудитория
Auditorium- Аудитория
City Hall-мэрия
City Hall-мэрия
Cafe-кафе
Cafe-кафе
Cinema-кинотеатр
Cinema-кинотеатр
School-школа
School-школа
Hospital-госпиталь
Hospital-госпиталь
Church-церковь
Church-церковь
Mosque-мечеть
Mosque-мечеть
Synagogue-синагога
Synagogue-синагога

Theatre-театр

Theatre-театр

University-университет

University-университет

Business / Бизнес

Boss- Начальник

Boss- Начальник

Director- Директор

Director- Директор

Company-компания

Company-компания

Meeting-собрание

Meeting-собрание

Business Deals-Деловые Сделки

Business Deals-Деловые Сделки

Market-рынок

Market-рынок

Staff-персонал

Staff-персонал

Agreement-соглашение

Agreement-соглашение

Office- офис

Office- офис
Internship-практика
Internship-практика
Marketing-маркетинг
Marketing-маркетинг
Profit-прибыль
Profit-прибыль
Purchase-закупка
Purchase-закупка
Money-деньги
Money-деньги
Manufacturer-производитель
Manufacturer-производитель
Demand-спрос
Demand-спрос
Savings-сбережения
Savings-сбережения
Share-акция
Share-акция
Liability-Ответственность
Liability-Ответственность
Equity-Капитал
Equity-Капитал
Account payable-Счет к оплате

Account payable-Счет к оплате

Account receivable-Счет к получению

Account receivable-Счет к получению

Expense-Расходы

Expense-Расходы

Financial statement-Финансовый отчет

Financial statement-Финансовый отчет

Inventory-Инвентаризация

Inventory-Инвентаризация

Ledger-Регистр

Ledger-Регистр

Debt- Долг

Debt- Долг

Endorse- Подтверждение

Endorse- Подтверждение

Mortgage-Ипотека

Mortgage-Ипотека

Geography and Landscapes / География и Ландшафты

Bay-бухта
Bay-бухта
Canyon-каньон
Canyon-каньон
Cave-пещера
cave-пещера
Climate-климат
Climate-климат
Desert-пустыня
desert-пустыня
Forest-лес
forest-лес
Hill-холм
hill-холм
Island-остров
island-остров
Jungle-джунгли
jungle-джунгли
Lake-озеро
Lake-озеро
Mountain-гора

mountain-гора
Ocean-океан
ocean-океан
Plain-Равнина
plain-Равнина
River-река
river-река
Rock-скала
rock-скала
Sea-море
sea-море
Soil-почва
soil-почва
Swamp-болото
swamp-болото
Valley-долина
valley-долина
Volcano-вулкан
Volcano-вулкак
waterfall-водопад
Waterfall-водопад

Describing People / Описание Людей

Young-молодой
young-молодой
Old-пожилой
Old-пожилой
Short-невысокий
short-невысокий
tall-высокий
tall-высокий
Thin-худой
Thin-худой
fat-толстый
fat-толстый
Obese-полный
obese-полный
Muscular-мускулистый
muscular-мускулистый
Beautiful-красивый
beautiful-красивый
ugly-уродливый
ugly-уродливый

Friendly-дружелюбный
friendly-дружелюбный
Funny-смешной
funny-смешной
Charming-очаровательный
charming-очаровательный
shy-застенчивый
shy-застенчивый
rude-грубый
rude-грубый
Crazy-сумасшедший
crazy-сумасшедший
Optimistic-оптимистичный
Optimistic-оптимистичный
Pessimistic-пессимистичный
Pessimistic-пессимистичный
Polite-вежливый
Polite-вежливый
Blonde-блондин

Blonde-блондин
Brunette-брюнет
brunette-брюнет
red-headed-рыжий

red-headed-рыжий
Bald-лысый
Bald-лысый
Daring - смелый
Daring - смелый
Capable - умелый
Capable - умелый
Blind - слепой
Blind - слепой
Compassionate – жалостливый/ая
Compassionate – жалостливый/ая
Spoiled – избалованный/ая
Spoiled – избалованный/ая
Careful – осторожный/ая
Careful – осторожный/ая
Athletic - спортивный
Athletic - спортивный
Extroverted - экстраверт
Extroverted - экстраверт
Introverted - интроверт
Introverted - интроверт
Respectful - уважаемый
Respectful - уважаемый
Deaf - глухой

Deaf - глухой
Stingy - скупой
Stingy - скупой
Hard working - работоспособный
Hard working - работоспособный
Mischievous - озорной
Mischievous - озорной
Vain - тщеславный
Vain - тщеславный

Religion / Религия

Worship - почитание
Worship - почитание
Praise - восхваление
Praise - восхваление
Love - любовь
Love - любовь
Elder - пастырь
Elder - пастырь
Apostle – апостол
Apostle - апостол
Bible - Библия
Bible - Библия

Goodness - великодушие
Goodness - великодушие
Buddhism - буддизм
Buddhism - буддизм
Chapel - часовня
Chapel - часовня
Chapter - капитул
Chapter - капитул
Cathedral - собор
Cathedral - собор
Catholicism - католичество
Catholicism - католичество
Heaven - небеса
Heaven - небеса
Communion - вероисповедание
Communion - вероисповедание
Koran - Коран
Koran - Коран
Belief - вера
Belief - вера
Christianity - христианство
Christianity - христианство
Christian – христианин/ка
Christian - христианин/ка

Devil - дьявол
Devil - дьявол
God - Бог
God - Бог
Disciple - последователь
Disciple - последователь
Doctrine - учение
Doctrine - учение
Self control - самоконтроль
Self control - самоконтроль
Spirit- дух
Spirit- дух
Holy Spirit – Святой Дух
Holy Spirit – Святой Дух
Spiritual - духовный
Spiritual - духовный
Faith - вера
Faith - вера
Faithful - верующий
Faithful - верующий
Joy - радость
Joy - радость
Islam - Ислам
Islam - Ислам

Jesus Christ – Иисус Христос
Jesus Christ – Иисус Христос
Judaism - Иудаизм
Judaism - Иудаизм
Miracle - чудо
Miracle - чудо
Mercy - милость
Mercy - милость
Missionary - миссионер
Missionary - миссионер
Monastery - монастырь
Monastery - монастырь
Mormon - мормон
Mormon - мормон
Prayer - молитва
Prayer - молитва
Patience - терпение
Patience - терпение
Peace - мир
Peace - мир
Sin - грех
Sin - грех
Sinner - грешник/ца
Sinner - грешник/ца

Preacher - священник
Preacher - священник
Religion - религия
Religion - религия
Religious - религиозный
Religious - религиозный
Resurrection - воскрешение
Resurrection - воскрешение
Sacrifice - жертва
Sacrifice - жертва
Salvation - спасение
Salvation - спасение
Holy - святой
Holy - святой
Synagogue - синагога
Synagogue - синагога
New Testament – Новый Завет
New Testament – Новый Завет
Old Testament – Ветхий Завет
Old Testament – Ветхий Завет
Torah - Тора
Torah - Тора
Trinity - Троица
Trinity - Троица

Verse - стих

Verse - стих

Outdoors / На улице

Fence-забор
Fence-забор
Garden- сад
Garden- сад
Gate- ворота
Gate- ворота
Grill-решетка
Grill-решетка
Gutter- водосток
Gutter- водосток
Hammock-гамак
Hammock-гамак
Hose- шланг
Hose- шланг
Lawn-лужайка
Lawn-лужайка
Mailbox-почтовый ящик
Mailbox-почтовый ящик
Patio-патио

Patio-патио
Sidewalk-тротуар
Sidewalk-тротуар
Sprinkler-разбрызгиватель
Sprinkler-разбрызгиватель
Tree-дерево
Tree-дерево

Adverbs / Наречия

Absolutely- абсолютно
Absolutely- абсолютно
Approximately- приблизительно
Approximately- приблизительно
Completely-совершенно
Completely-совершенно
Currently- в настоящее время
Currently- в настоящее время
Especially- особенно
Especially- особенно
exactly-точно
exactly-точно
Normally- нормально
Normally- нормально

only-только

only-только

Perfectly- идеально

Perfectly- идеально

precisely-точно

precisely-точно

Probably- возможно

Probably- возможно

quickly-быстро

quickly-быстро

simply-просто

simply-просто

Still- все еще

Still- все еще

Really- действительно

Really- действительно

Actively - активно

Actively - активно

Ahead/ forward - впереди

Ahead/ forward - впереди

Previously - ранее

Previously - ранее

Basically – в основном

Basically – в основном

Certainly - конечно
Certainly - конечно
Constantly - постоянно
Constantly - постоянно
Unfortunately – к сожалению
Unfortunately – к сожалению
Drastically - решительно
Drastically - решительно
Efficiently - эффективно
Efficiently - эффективно
Extraordinarily - экстраординарно
Extraordinarily - экстраординарно
Fluently - бегло
Fluently - бегло
Generally – как правило
Generally – как правило
Obviously - очевидно
Obviously - очевидно
Forever - навсегда
Forever - навсегда
Neatly - опрятно
Neatly - опрятно
Recently - недавно
Recently - недавно

Suddenly - вдруг
Suddenly - вдруг
Lately – на днях
Lately – на днях
Usually - обычно
Usually - обычно
Honestly - честно
Honestly - честно

Adjectives / Прилагательные

big-большой
big-большой
small-маленький
small-маленький
fast-быстрый
fast-быстрый
Slow-медленный
Slow-медленный
hard-твердый
hard-твердый
soft-мягкий
soft-мягкий
thick-толстый

thick-толстый
Full-полный
Full-полный
empty-пустой
empty-пустой
noisy-шумный
noisy-шумный
loud-громкий
loud-громкий
quiet-тихий
quiet-тихий
heavy-тяжелый
heavy-тяжелый
light-легкий
light-легкий
neat-опрятный
neat-опрятный
messy-неряшливый
messy-неряшливый
good-хороший
good-хороший
bad-плохой
bad-плохой
expensive-дорогой

expensive-дорогой
cheap-дешевый
cheap-дешевый
beautiful-красивый
beautiful-красивый
handsome-мужественный
handsome-мужественный
easy-легкий
easy-легкий
difficult-тяжелый
difficult-тяжелый
clear-чистый
clear-чистый
hot-горячий
hot-горячий
cold-холодный
cold-холодный
dark-темный
dark-темный
dirty-грязный
dirty-грязный
clean-чистый
clean-чистый
dry-сухой

dry-сухой
interesting-интересный
interesting-интересный
boring-скучный
boring-скучный
long-длинный
long-длинный
short-короткий
short-короткий
narrow-узкий
narrow-узкий
wide-широкий
wide-широкий
new-новый
new-новый
rich-богатый
rich-богатый
poor-бедный
poor-бедный
weak-слабый
weak-слабый
stupid-глупый
stupid-глупый

Accessories / Аксессуары

Bracelet- Браслет
Bracelet- Браслет
Briefcase- Портфель
Briefcase- Портфель
Brooch- Брошь
Brooch- Брошь
Comb- Гребень
Comb- Гребень
Earring- сережки
Earring- сережки
Ring- кольцо
Ring- кольцо
Sunglasses- солнцезащитные очки
Sunglasses- солнцезащитные очки
Glasses- очки
Glasses- очки
Handkerchief-платок
Handkerchief-платок
Necklace- ожерелье
Necklace- ожерелье
Umbrella- зонтик
Umbrella- зонтик

Geography / География

Beach-пляж
Beach-пляж
Coast-побережье
Coast-побережье
country-страна
country-страна
countryside-деревня
countryside-деревня
desert-пустыня
desert-пустыня
farm-ферма
farm-ферма
forest-лес
forest-лес
hill-холм
hill-золм
mountain-гора
mountain-гора
Mountain range-горная гряда
Mountain range-горная гряда
river-река
river-река

Sea- море

Sea- море

Meadow -луг

Meadow -луг

stream-речка

stream-речка

Jungle- джунгли

Jungle- джунгли

cave-пещера

cave-пещера

canyon-каньон

canyon-каньон

cliff-утес

cliff-утес

canal-канал

canal-канал

pond-пруд

pond-пруд

waterfall-водопад

waterfall-водопад

Verbs / Глаголы

To Dance- Танцевать

To Dance- Танцевать

to drink-пить

to drink-пить

to look for- Искать

to look for- Искать

to change-менять

To change-менять

to walk- ходить

to walk- ходить

To sing- петь

To sing- петь

To cook- готовить

To cook- готовить

To eat-Есть

To eat-Есть

To buy-Покупать

To buy-Покупать

To decide- Решать

To decide- Решать

To wake up-Вставать

To wake up-Вставать

To listen-Слушать

To listen-Слушать

To wait/ Hope for-Надеяться на

To wait/ Hope for-Надеяться на

To study-Изучать

To study-Изучать

To speak/ talk-Говорить

To speak/ talk-Говорить

To do/Make-Делать

To do/Make-Делать

To go-Ходить

To go-Ходить

To clean- Чистить

To clean- Чистить

To arrive- Прибывать

To arrive- Прибывать

To cry-Кричать

To cry-Кричать

To look at -Смотреть

To look at -Смотреть

To need-Нуждаться

To need-Нуждаться

To hear-Слышать

To hear-Слышать

To be able-Мочь

To be able-Мочь

To want-Хотеть

To want-Хотеть

To leave/go out-Уходить

To leave/go out-Уходить

To touch-Трогать

To touch-Трогать

To work-Работать

To work-Работать

To see-Видеть

To see-Видеть

To travel-Путешествовать

To travel-Путешествовать

To be- быть

To be- быть

To have to do something- быть должным делать что-то

To have to do something- быть должным делать что-то

To have- иметь

To have- иметь

To give-давать

To give-давать

To want/love-любить

To want/love-любить

To pass/ spend time-проводить

время

To pass/ spend time-проводить время

To owe/must/should-быть должным

To owe/must/should-быть должным

To seem/appear-казаться

To seem/appear-казаться

To stay/remain-оставаться

To stay/remain-оставаться

To believe-верить

To believe-верить

To follow-следовать

To follow-следовать

To call/name-звать

To call/name-звать

To come-приходить

To come-приходить

To think-думать

To think-думать

To return-возвращаться

To return-возвращаться

To live- жить

To live- жить

To feel- чувствовать

To feel- чувствовать

To count/relate- положиться на

To count/relate- положиться на

To enter- входить

To enter- входить

To understand- понимать

To understand- понимать

To finish-заканчивать

To finish-заканчивать

To serve- обслуживать

To serve- обслуживать

To read-читать

To read-читать

Basic Phrases / Основные Фразы

Good Morning-Доброе утро

Good Morning-Доброе утро

Good afternoon-Добрый день

Good afternoon-Добрый день

Good Evening – Добрый вечер

Good Evening – Добрый вечер

What is your name?-Как вас зовут?

What is your name?-Как вас зовут?

How are you?-Как ваши дела?

How are you?-Как ваши дела?

I am fine.-У меня все отлично.

I am fine.-У меня все отлично.

Nice to meet you.-Приятно познакомиться.

Nice to meet you.-Приятно познакомиться.

Goodbye-До свидания

Goodbye-До свидания

See you later. - Увидимся.

See you later. - Увидимся.

Where is the restroom? - Где туалет?

Where is the restroom? - Где туалет?

Excuse me. - Извините

Excuse me. - Извините

Please- пожалуйста

Please- пожалуйста

Thank you. - Спасибо

Thank you. - Спасибо

I'm sorry. - Мне жаль.

I'm sorry. - Мне жаль.

You are welcome – Не за что.
You are welcome – Не за что.
How much does it cost? - Сколько это стоит?
How much does it cost? - Сколько это стоит?
How many are there? - Сколько всего здесь?
How many are there? - Сколько всего здесь?
There are many. - Здесь много.
There are many. - Здесь много.
Do you want to buy this? - Вы хотите это купить?
Do you want to buy this? - Вы хотите это купить?
What time is it? - Сколько времени?
What time is it? - Сколько времени?
Yes. - Да.
Yes. - Да.
No. - Нет.
No. - Нет.
I do not understand. - Я не понимаю.
I do not understand. - Я не понимаю.

Would you speak slower, please. - Говорите, пожалуйста, медленнее.

Would you speak slower, please. - Говорите, пожалуйста, медленнее.

Who? - Кто?

Who? - Кто?

Why? - Почему?

Why? - Почему?

Maybe – может быть

Maybe – может быть

I don't speak Spanish – я не говорю по-испански

I don't speak Spanish - я не говорю по-испански

Welcome! - Добро пожаловать!

Welcome! - Добро пожаловать!

Can you help me? - Вы можете мне помочь?

Can you help me? - Вы можете мне помочь?

My Spanish is bad – Я плохо говорю по-испански

My Spanish is bad - Я плохо говорю по-испански

Do you speak English? - Вы говорите по-английски?

Do you speak English? - Вы говорите по-английски?

My name is…- Меня зовут…

My name is…- Меня зовут…

Of course - Конечно

Of course - Конечно

Have a good trip! - Приятной поездки!

Have a good trip! - Приятной поездки!

See you tomorrow – Увидимся завтра!

See you tomorrow - Увидимся завтра!

Of course not! - Конечно нет!

Of course not! - Конечно нет!

How do you say …? - Как вы говорите …?

How do you say …? - Как вы говорите …?

What's today's date? - Какое сегодня число?

What's today's date? - Какое сегодня

число?

How old are you? - Сколько вам лет?

How old are you? - Сколько вам лет?

Cool! - Здорово!

Cool! - Здорово!

Wonderful! - Чудесно!

Wonderful! - Чудесно!

How's it going? - Как дела?

How's it going? - Как дела?

I'm in love – Я влюбился

I'm in love – Я влюбился

I adore you – Я восхищаюсь тобой

I adore you – Я восхищаюсь тобой

I need you – Ты нужна мне

I need you – Ты нужна мне

You are the love of my life – Ты любовь всей моей жизни.

You are the love of my life - Ты любовь всей моей жизни.

You make me happy – Ты делаешь меня счастливым.

You make me happy - Ты делаешь меня счастливым.

You are so sweet – Ты такая милая
You are so sweet – Ты такая милая
I always think of you – Я всегда думаю о тебе.
I always think of you – Я всегда думаю о тебе.
How beautiful you look! - Как классно ты выглядишь!
How beautiful you look! - Как классно ты выглядишь!
Do you want to marry me? - Ты выйдешь за меня замуж?
Do you want to marry me? - Ты выйдешь за меня замуж?
I just want to be friends – Я просто хочу быть друзьями.
I just want to be friends - Я просто хочу быть друзьями.
I'm not interested – Мне не интересно
I'm not interested – Мне не интересно
Leave me alone – Оставь меня в покое
Leave me alone – Оставь меня в покое
I don't like you – Ты мне не нравишься
I don't like you – Ты мне не

нравишься

Would you like to dance with me? - Ты хотела бы потанцевать со мной?

Would you like to dance with me? - Ты хотела бы потанцевать со мной?

Directions and Comparisons / Направления и Сравнения

Underneath – нижняя часть

Underneath – нижняя часть

Below - внизу

Below - внизу

Above - над

Above - над

On top - наверху

On top - наверху

near/close - рядом

near/close - рядом

Inside - внутри

Inside - внутри

Right - справа

Right - справа
Behind - сзади
Behind - сзади
Between - между
Between - между
East - восток
East - восток
Left - слева
Left - слева
Far - далеко
Far - далеко
More or less – более менее
More or less – более менее
Better - лучше
Better - лучше
Less - меньше
Less - меньше
Northeast – северо-восток
Northeast – северо-восток
Northwest – северо-запад
Northwest – северо-запад
North - север
North - север
West - запад

West - запад

Worse - плохой

Worse - плохой

Straight - прямой

Straight - прямой

South - юг

South - юг

Southeast – юго-восток

Southeast – юго-восток

Southwest – юго-запад

Southwest – юго-запад

Entertainment / Развлечения

Actor - актер

Actor - акте

Actress- актриса

Actress- актриса

Plot - сюжет

Plot - сюжет

Circus - цирк

Circus - цирк

Comedy - комедия

Comedy - комедия

Commentary - комментарий
Commentary - комментарий
Comical - комичный
Comical - комичный
Creative - креативный
Creative - креативный
Crime - преступление
Crime - преступление
Criminal- преступник
Criminal- преступник
Detective - детектив
Detective - детектив
Documentary - документальный
Documentary - документальный
Special effects - спецэффекты
Special effects - спецэффекты
interview - интервью
interview - интервью
Scene - сцена
Scene - сцена
Frightening - ужасный
Frightening - ужасный
Star, celebrity - звезда
Star, celebrity - звезда

Ending - конец

Ending - конец

hero - герой

hero - герой

Script - сценарий

Script - сценарий

Heroine - героиня

Heroine - героиня

To go to the movies - идти в кино

To go to the movies - идти в кино

narrator - рассказчик

narrator - рассказчик

Newscast – выпуск новостей

Newscast – выпуск новостей

Screen - экран

Screen - экран

Film, movie - фильма

Film, movie - фильма

Program - программа

Program - программа

report - отчет

report - отчет

Soap opera – мыльная опера

Soap opera – мыльная опера

television - телевидение
television - телевидение
Victim - жертва
Victim - жертва
Video game – видео игра
Video game – видео игра
Violence - жестокость
Violence - жестокость

Holidays and Celebrations / Выходные и Праздники

Anniversary - годовщина
Anniversary - годовщина
New Years Day - Новый Год
New Years Day - Новый Год
Wedding - свадьба
Wedding - свадьба
Celebration - празднование
Celebration - празднование
Birthday – день рождения
Birthday – день рождения
Bridesmaid – подружка невесты

Bridesmaid – подружка невесты

Decoration - декорация

Decoration - декорация

Parade - парад

Parade - парад

Valentine's Day – День Святого Валентина

Valentine's Day – День Святого Валентина

Mother's Day – День Матери

Mother's Day – День Матери

Father's Day – День Отца

Father's Day – День Отца

Party - праздник

Party - праздник

Graduation - выпускной

Graduation - выпускной

Invitation - приглашение

Invitation - приглашение

Christmas - Рождество

Christmas - Рождество

Halloween - Хэллоуин

Halloween - Хэллоуин

Christmas Eve - Сочельник

Christmas Eve - Сочельник
New Year's Eve – Канун Нового Года
New Year's Eve – Канун Нового Года
Easter - Пасха
Easter - Пасха
Gift - подарок
Gift - подарок
Vacation - отдых
Vacation - отдых

Internet / Интернет

Bold – жирный шрифт
Bold – жирный шрифт
Bookmark - Избранное
Bookmark - Избранное
Browser - браузер
Browser - браузер
Button - кнопка
Choose - выбирать
Choose - выбирать
Cyberspace - кибер пространство

Cyberspace - кибер пространство
Download - скачивать
Download - скачивать
Drag - перетаскивать
Drag - перетаскивать
Email address – адрес электронной почты
Email address – адрес электронной почты
Form - форма
Form - форма
Homepage – домашняя страница
Homepage – домашняя страница
Icon - иконка
Icon - иконка
Inbox - Входящие
Inbox - Входящие
Keyboard - клавиатура
Keyboard - клавиатура
Laptop computer - лэптоп
Laptop computer - лэптоп
Link - ссылка
Link - ссылка
Modem - модем

Modem - модем
Mouse - мышь
Mouse - мышь
Network - сеть
Network - сеть
Outbox - исходящие
Outbox - исходящие
Password - пароль
Password - пароль
Preferences - установки
Preferences - установки
Run - запускать
Run - запускать
Save - сохранять
Save - сохранять
Search engine – поисковая система
Search engine – поисковая система
SPAM - спам
SPAM - спам
Subject - тема
Subject - тема
Subscribe - подписка
Subscribe - подписка
Surf - навигация

Surf - навигация

User name – имя пользователя

User name – имя пользователя

Web page – веб-страница

Web page – веб-страница

Printer - Принтер

Printer - Принтер

Medical Terms / Медицинские Термины

Doctor - Врач

Doctor - Врач

Pain - Боль

Pain - Боль

Headache – головная боль

Headache – головная боль

Flu - грипп

Flu - грипп

Nausea - тошнота

Nausea - тошнота

Fever - жар

Fever - жар

Infection - инфекция
Infection - инфекция
Virus - вирус
Virus - вирус
Allergy - аллергия
Allergy - аллергия
Insomnia - бессонница
Insomnia - бессонница
Crutches - костыли
Crutches - костыли
Antibiotics - антибиотики
Antibiotics - антибиотики
Contraception - контрацепция
Contraception - контрацепция

US Cities / Города США

New York – Нью-Йорк
New York – Нью-Йорк
Los Angeles – Лос-Анджелес
Los Angeles – Лос-Анджелес
Philadelphia - Филадельфия
Philadelphia - Филадельфия
Phoenix - Феникс

Phoenix - Феникс
Houston - Хьюстон
Houston - Хьюстон

European Cities / Европейские Города

Amsterdam - Амстердам
Amsterdam - Амстердам
Athens - Афины
Athens - Афины
Barcelona - Барселона
Barcelona - Барселона
Brussels - Брюссель
Brussels - Брюссель
Istanbul - Стамбул
Istanbul - Стамбул
London - Лондон
London - Лондон
Paris - Париж
Paris - Париж
Rome - Рим
Rome - Рим

Vienna - Вена
Vienna - Вена
Sofia - София
Sofia - София
Stockholm -Стокгольм
Stockholm -Стокгольм
Zurich - Цюрих
Zurich - Цюрих

Nationalities / Национальности

Argentinian - Аргентинец
Argentinian - Аргентинец
Australian - Австралиец
Australian - Австралиец
Canadian - Канадец
Canadian - Канадец
Chilean - Чилиец
Chilean - Чилиец
Chinese - Китаец
Chinese - Китаец
Colombian - Колумбиец
Colombian - Колумбиец
Spanish - Испанец

Spanish - Испанец
French - Француз
French - Француз
US - Американец
US - Американец
Japanese - Японец
Japanese - Японец
Welsh - Валлиец
Welsh - Валлиец
Irish - Ирландец
Irish - Ирландец
Scottish - Шотландец
Scottish - Шотландец

Parts of the world / Части света

North Pole – Северный Полюс
North Pole – Северный Полюс
South Pole – Южный Полюс
South Pole – Южный Полюс
Northern Hemisphere – Северное Полушарие
Northern Hemisphere – Северное Полушарие

Southern Hemisphere – Южное Полушарие
Southern Hemisphere – Южное Полушарие
Arctic Circle – Арктический Полярный Круг
Arctic Circle – Арктический Полярный Круг
Equator - Экватор
Equator - Экватор
Arctic Ocean – Северный Ледовитый Океан
Arctic Ocean – Северный Ледовитый Океан
Atlantic Ocean - Атлантический Океан
Atlantic Ocean - Атлантический Океан
Pacific Ocean – Тихий Океан
Pacific Ocean – Тихий Океан
Indian Ocean – Индийский Океан
Indian Ocean – Индийский Океан
Caribbean Sea – Карибское Море
Caribbean Sea – Карибское Море

Mediterranean Sea – Средиземное Море
Mediterranean Sea – Средиземное Море
North Sea – Северное Море
North Sea – Северное Море
Red Sea – Красное Море
Red Sea – Красное Море
Black Sea – Черное Море
Black Sea – Черное Море

CPSIA information can be obtained
at www.ICGtesting.com
Printed in the USA
LVHW110606221220
674783LV00006B/865